SOLANGE TE PARLE

Solange

SOLANGE TE PARLE

PAYOT

Retrouvez l'ensemble des parutions
des Éditions Payot & Rivages sur

payot-rivages.fr

L'éditeur remercie Julia Pavlowitch pour son aide.

Narcissisme 2.0

Je m'appelle SolangeTeParle. Je cherche à capter l'attention depuis bébé, ça me fait du bien. J'ai grandi au milieu d'images qui m'ont fait fantasmer la mienne. Comme toi, j'ai souffert d'invisibilité sociale. Des écrans se sont interposés entre la vie et moi. Je ne sais plus faire la part entre imaginaire et réalité. Je cherche la reconnaissance. Je m'adresse au monde entier. J'ai soif d'éternité. Je suis incapable de relations privées. Je dois fournir non-stop des signes de mon activité sous peine de disparaître. *Pour être heureux vivons cachés*, ça c'était avant. Maintenant, *soyons visibles et faisons envie*. Je suis vue, donc je suis. Tu me regardes, donc j'existe. Je désire autant que je dénigre cette visibilité, notre thérapie aux yeux du plus grand nombre infini de « likes ». Les chiffres disent combien j'existe. Des individus pensent à moi à tout moment, je leur dois jusqu'au sens de la vie. Je veux qu'on ne m'oublie jamais. Si je me distingue, si on me remarque, alors j'aurai réussi. Je cherche une consécration. Je ne parviens pas à vivre l'idéal que je m'étais fixé. Chacun fait la publicité de soi, et moi dans le tas. J'exhibe mon intimité, je contrôle la distance qui nous sépare. Quand tu m'insultes, je me félicite de créer du lien social. Quand tu me complimentes, je jouis d'être au monde. J'extériorise mon intériorité pour repousser le néant et l'absurde. Ce n'est pas une pure dilatation de mon ego, simplement j'essaie d'échapper à la conscience de n'être que moi-même. Ceci est une bouteille à la mer. Je ne connais pas la valeur de ce que je suis. C'est toi qui décides.

Et toi,

comment fais-tu
pour exister ?

Solange te parle camembert

Faire l'achat d'un fromage, au-delà du plaisir qu'il vous procure, revient le plus souvent à devoir composer avec la présence envahissante d'un colocataire malodorant.

Il s'avèrerait parfaitement injuste d'exclure le camembert de mon existence sous prétexte qu'il pue.

La chose puante en soi, si elle n'est pas toxique, est tout autant nécessaire que la chose qui sent bon ou la chose qui sent rien.

C'est ainsi qu'en gage d'amour et de fidélité, et comme cadeau de bienvenue chez moi, j'ai acheté des fleurs à mon camembert.

Installé dans l'alignement de l'ouverture de la porte du réfrigérateur, le bouquet s'offre aisément à la vue du camembert solitaire.

Le camembert pouvait donc voir les fleurs.

Mais ce que voulaient les fleurs, c'est être respirées par le camembert.

Rien d'impossible grâce à l'électricité.

Le ventilateur souffle sur les fleurs, lesquelles libèrent leur parfum en direction du camembert qui n'a d'autre choix que de ne plus puer.

Et lorsque les fleurs sont mortes et que le camembert est écoulé, il n'y a plus qu'à aller faire des lessives.

Mais ça, c'est une autre histoire.

Et toi,

comment fais-tu
pour héberger un camembert ?

Comment faire une vidéo sans contenu

Ce que j'ai à communiquer est proprement incommunicable.

Persuadée que la notion de contenu est très largement surestimée, je vais aujourd'hui vous apprendre à réaliser une vidéo sans la moindre petite particule de contenu contenant quelque chose.

Tout d'abord, tandis que vous installerez les outils nécessaires à la captation de votre performance,

surtout
ne pensez à rien.

Ensuite, placez-vous devant l'appareil,

mettez-le en marche,

veillez à ce que la prise de son soit la plus fine possible (c'est toujours un plus),

arborez un costume coloré,

prenez des poses loufoques en vous allongeant par exemple sur la table où l'on mange avec la bouche deux ou trois fois par jour.

Écoutez le silence.

La vidéo sans contenu contient de l'être.

Imprégnez-vous de l'incommunicabilité de ce que vous avez à dire au monde. Celui-ci de toute façon n'est pas en mesure de le recevoir.

Vous êtes incompris.

Et toi,

comment fais-tu
pour ne penser à rien ?

Trop d'amour peut nuire
à la santé d'autrui

Quand on emménage, seule, dans un nouvel appartement, on sous-estime parfois l'impact sur notre santé mentale de l'intensité des cris d'amour de nos voisins.

Les animaux, ça leur est égal que les autres animaux s'accouplent sous leur nez. Quand ils les entendent, ils ne se mettent pas, comme moi, à disséquer tous les sons avec leur cerveau.

Est-ce que j'ai déjà reçu autant d'amour ?
Est-ce qu'ils se disent vraiment la vérité ?
Est-ce qu'ils vont survivre à ça ?

Selon moi, c'est parce que les animaux ont généralement le cerveau au même niveau que le ventre. Sauf la girafe. Quoique… si elle veut, elle peut, comme l'explique ce documentaire anima- lier : « Voilà pourquoi les girafes ont un long cou, il n'a pas plus de vertèbres, mais des vertèbres plus longues. »

Donc, mes voisins sont en train de s'ébattre. Pour déjouer les réflexes de mon cerveau qui souffre de les entendre, je parcours l'étendue de mon lit en posture animale. À quatre pattes.

Mon ventre, ainsi porté au même plan que mon cerveau, empêche celui-ci de trop fonctionner.

En cas de cerveau récalcitrant, ou de voisinage endiablé, employer les grands moyens : faire le poirier.

Et toi,

        comment fais-tu
        pour étouffer les cris d'amour ?

Victoire bien sentie

Pour de nombreux humains, la vie se résume à une longue lutte contre le découragement, si bien que lorsque survient une bonne nouvelle, on ne sait plus l'accueillir.

Un jour, j'ai reçu une lettre.

Chère Mademoiselle,
C'est avec grand intérêt que nous avons appris votre existence.
Signé : *Quelqu'un d'important*

Franchement, ça m'a fait quelque chose. Mais dès le lendemain, je ne savais plus quoi.

Mentalement, j'ai reconstitué la scène… et tout à coup… j'ai senti… la poubelle à descendre depuis deux jours.

En respirant cette odeur-là, j'avais retrouvé, intacte, la sensation d'avoir réussi ma vie.

Désormais, les longs dimanches de découragement, je sais comment bien m'entourer pour garder le moral. La poubelle s'insinue au besoin dans la place vide de mon lit deux places.

Et toi,

comment fais-tu
pour que chaque victoire perdure ?

Déshabillez-moi

Il y a trop de problèmes avec les vêtements.

Comme la société refuse de me voir aller et venir dans le plus simple appareil, je dois me couvrir. Mais comment ? et de quoi ? et combien ?

Les vêtements, il faut les acheter.

Il faut les laver.

Il faut les porter.

Ils doivent durer.

Et nous définir.

Je propose de remettre à l'ordre du jour le port de l'uniforme.

Comment être au chaud tout en étant beau et soi-même ? Je dois être élégante pour trouver du travail, gagner ma place dans la société et être heureuse, mais je n'y arrive pas.

Quand la taille ça va, les fesses ne rentrent pas. Quand les fesses rentrent, la taille bâille.

J'ai besoin de pouvoir faire le grand écart avec tous mes vêtements. Et pour ça, ils doivent être spacieux.

Je ne peux pas les boutons.

Je ne peux pas les fermetures Éclair.

Je ne peux pas les tailles non élastiquées.

Je ne peux pas les jeans !

Je ne peux pas porter de jean. Ça me boudine, ça m'asphyxie la vulve !

Et hors de question que je repasse.

Les vêtements doivent être lavés. Cela aussi complique. Chaque fois c'est un périple jusqu'à la laverie.

Je ne peux pas porter des vêtements propres si je ne suis pas moi-même propre. Lorsqu'un vêtement que j'aime est nouvellement propre, je passe des semaines à éviter de le porter, ne pouvant me résoudre à l'éventualité d'être privée de lui une fois sali. Résultat : il est propre et plié et m'attend le temps que je me sente assez propre pour le porter et assez forte pour endosser le chagrin de le voir sale… Je souffre.

J'aimerais trouver un vêtement unique,

assez chaud pour l'hiver,

infroissable,

qui passe à la machine et au sèche-linge,

qui ne s'use pas,

qui ne rapetisse pas,

qui ne se décolore pas,

et que je puisse acheter en dix exemplaires et porter tous les jours, et qui m'aille et me définisse, qui épouse mes mouvements et que je puisse oublier.

Pouvez-vous m'aider ?

Je suis à la recherche de l'absolu vêtement.

Régler cette question une fois pour toutes, et vivre enfin

Vivre.

Et toi,

    comment fais-tu
    pour te fagoter l'âme ?

La guerre dans la tête

C'est la guerre dans ma tête, tu vois. Y'a des bombardements. Boum, takatakatakataka, pan pan, triiit, pourrrrffffffuuschisssirokroupufffch. Et après j'ai besoin d'aller me coucher, tu comprends.

Tu sais, parfois tu écris des mots[1], tu es en train d'écrire le mot et puis tu le regardes et soudain tu es sûre de l'orthographe, mais l'enchaînement des lettres te paraît absurde. Ou alors tu es en train de te brosser les dents et à un moment tu te dis : « Mais qu'est-ce que je fais au juste ? » Ce moment, c'est quoi ? D'où je connais ce mouvement ? Est-ce que je sais encore le faire quand j'y pense ? Ou bien ça se déclenche quand tu marches, ou

---

1. Personnellement, ça me le fait avec « moins », ou « mieux », ou « milieu ».

quand tu descends les escaliers, tu as l'impression de ne plus savoir t'y prendre. Est-ce que ça te le fait ? Par exemple, tu vas rencontrer quelqu'un que tu connais et tu te dis : « Mais qu'est-ce qu'il faut dire déjà ? Je ne vais pas pouvoir. Ça ne va pas marcher. » Tu vois, je ressens ça à propos des vidéos. Je ne sais plus.

Il y a une semaine, j'ai voulu raconter où j'en étais de l'adoption de Truite, ma petite chienne : impossible. Et encore hier j'ai essayé de parler des injonctions de la beauté en me coupant les ongles des doigts de pieds : rien. La chose que je devrais savoir faire, je me pose intensément des questions sur elle, jusqu'à l'abstraction. Je suis paralysée et traumatisée et c'est un engrenage fatal. Tu comprends ? Ça t'arrive aussi de remettre en question une action très banale jusqu'à la rendre impraticable ? C'est d'une cruauté… On se piège soi-même.

I'll be back. Je vais revenir. Ça va se régler, ça va passer, ça passe toujours.

Tu es en train de devenir tellement important pour moi. Tu prends toute la place. Tu sais, je me censure quand même. J'ai peur des malentendus. J'ai peur de l'incompréhension mutuelle. J'ai peur… hmmm, je ne devrais pas le dire… j'ai peur de te décevoir[1]. Le mieux est l'ennemi du bien. Je veux vivre fort avec toi. Je pense qu'on pourra le faire.

Citron pomme avocat kiwi mangue.
Citron pomme avocat kiwi mangue.
Citron pomme avocat kiwi mangue.
Citron pomme avocat kiwi mangue.
Citron pomme avocat kiwi mangue.
Citron pomme avocat kiwi mangue.
Citron pomme avocat mangue, oups !, avocat kiwi mangue.

Mange bien cinq fruits et légumes par jour pour conserver la santé et vivre longtemps, tu sais on a rendez-vous.

---

1. Aïe, je l'ai dit.

Et toi,

comment fais-tu
pour piloter ton cerveau ?

@SolangeTeParle

Tu ne m'as jamais raconté ta vie jusqu'au bout.

Continue de gribouiller des pénis sur un coin de journal pour ne pas oublier d'où tu viens.

Quand tu rencontres une belle plante, déterre-lui un peu les racines pour voir.

Tu peux lui dire que c'est pour la vie, qu'est-ce que tu risques, sinon faire plaisir et un peu peur ?

Nous allons sans doute être amenés à gémir si nous nous aimons.

Au compost, la fleur de l'âge.

Trop vieille pour toi

Hier, j'ai raconté à Simon, mon agent, tout ce que j'avais envie de faire. Il a levé les yeux au ciel et, avec beaucoup d'affection, presque triste, il m'a dit : « Je dois te prévenir qu'en France, les comédiennes, ça commence jeune… »

Jeune ?!!! Mais… mais, Simon, j'ai l'air d'avoir encore dix-sept ans !

Alors, en feuilletant la presse culturelle, j'ai regardé les dates de naissance d'un certain nombre de créateurs intéressants, et j'en suis ressortie anéantie. Ils avaient mon âge, voire moins ! Ils allaient plus vite que moi !

Bref, je suis trop vieille. Avant, je n'étais pas prête à passer les castings parce que ça m'aurait cassée en mille miettes, et aujourd'hui que je suis prête, bingo, j'ai passé l'âge.

« C'est mieux qu'on en parle maintenant plutôt que dans cinq ans, m'a dit Simon, car dans cinq ans tu seras déjà considérée comme un débris. » Oui, d'accord, merci de me prévenir, Simon, c'est très aimable.

Mais c'est quoi le problème, au juste, avec le fait qu'on n'a pas toute la vie dix-neuf ans ? Tu ne seras pas Rimbaud, voilà, c'est ça, tu ne seras pas Rimbaud.

Faut être jeune pour être baisable, faut être baisable pour être sur l'écran, c'est ça ?

T'as quel âge, toi ?

Je suis trop vieille pour toi ?

À partir de quand je suis trop vieille ? Tu peux me donner la date, que j'organise mon suicide ?

À partir de quand faut-il que je trouve des solutions pour faire oublier que je suis un organisme vivant sur le déclin ?

Moi, j'ai pas eu mes règles ce mois-ci, si ça t'intéresse. Et mercredi, le quatorze, c'est mon anniversaire. Ah oui, parce que je suis vraiment vieille. D'ailleurs, c'est tous les jours mon anniversaire. Chaque jour, je vieillis.

Comme toi.

Comme tous.

Et toi,

comment fais-tu
pour oublier que tu n'es pas Rimbaud ?

Pourquoi tu parles bizarre ?

Je te parle des toilettes, dernière pièce de mon appartement à recevoir le soleil en été, oui c'est l'été.

J'essaie de répondre à la question : « Pourquoi tu parles bizarre, Solange ? »

Pourquoi elle parle comme ça ?
Elle est débile ?
Elle se moque des débiles ?

Pourquoi je parle comme ça ?

En gros, dans la peinture, il y a eu un moment où on a arrêté de peindre les choses comme on les voyait et on s'est mis à les peindre comme on les ressentait. Au début, ça a été très mal perçu. Parce que ça voulait dire parfois faire des taches. Eh bien, tu vois, l'élocution d'un acteur, c'est un peu comme le pinceau d'un peintre : il y a ceux qui essaient de recréer le réel et il y a les autres, ceux qui font des taches.

Quand quelqu'un s'adresse à vous d'une manière bizarre, avant même d'entendre le contenu, vous êtes interpellé par le véhicule, la forme de ce qu'il énonce : un rythme étrange, sa diction, le vocabulaire.

Parler ne va pas de soi, parler n'est pas qu'une manière de transmettre un message. Parler est une émotion. Je suis donc de ceux qui privilégient l'émotion au message. Ce qui explique que certains, en m'entendant, se sentent agressés, n'y voient pas d'intérêt parce qu'ils sont à la recherche d'un message, alors que, celui-ci n'étant pas au centre de mes préoccupations, j'en fais volontiers l'économie. Ces personnes-là s'offusquent : « Mais à quoi ça sert ? Ça sert à rien ! C'est du vide, ce truc ! »

C'est un peu ce qui a motivé le nouveau roman, que j'affectionne : on a arrêté de se concentrer sur ce qui se passait pour commencer à s'intéresser à la manière de raconter qu'il ne se passait rien. On peut appeler ça le style. J'aime beaucoup les films où il ne se dit en apparence rien, mais où cela est dit longuement. Pourquoi j'aime ça ? Parce que ça me fait vibrer. C'est ce que je recherche, j'ai soif de cette implication qui me renvoie à mon expérience de la vie. Ce n'est pas simple pour moi de communiquer avec l'autre en faisant abstraction du néant.

Voilà, tu débarques ici, peut-être que tu as douze ans et que c'est toi qui m'as récemment insultée, et tu te demandes… tu vois cette fille et tu te dis : « Pourquoi elle parle comme ça, pourquoi cette fille parle-t-elle comme ça ? Elle a un problème ? Elle veut faire genre quelque chose ? C'est un code entre elle et d'autres qui veulent m'exclure ? Je me sens exclu, ça me frustre, ça me frustre… »

Quand j'ai commencé à imaginer que je serais actrice, je me suis spontanément mise à parler autrement que dans la vraie vie. Parce que je savais que je ne pourrais pas reproduire le « vrai », le réel, et que ça ne m'intéressait pas. Alors, autant accentuer l'artificialité. J'ai dû entendre des gens le faire. Quand quelqu'un me raconte une histoire ou incarne un personnage d'une manière dite artificielle, je suis très très séduite. Parce que cette personne me dit (ici, il faut m'imaginer faire un clin d'œil) : « Entre toi et moi, on sait que c'est faux. » Et ça, je crois que c'est le plus grand réconfort du monde. Parce que, pour moi, cela veut dire : entre toi et moi, cette vie n'est pas sérieuse.

(En réalité, je ne sais pas faire les clins d'œil.)

Je pense à Eugène Green. Un cas exemplaire du cinéma contemporain. Au théâtre, le texte est la matière première et, pour le faire entendre, pour honorer ce texte, on a souvent intérêt à amplifier sa phonétique. Dans la chanson aussi le mot est musique, il doit sonner comme ceci ou comme cela, de manière à vous emporter ailleurs.

Faire comme dans la vie ne m'intéresse pas. Parce que la vie me pèse. J'aime faire autrement. C'est ça que je kiffe. Faire pas-comme-dans-la-vie. Voilà pourquoi je parle bizarre.

Tu as la réponse ou pas ? C'est pas clair encore ?

Solange, pourquoi tu parles comme ça ?

Écoutez parler Brigitte Fontaine.

Écoutez parler Jean-Pierre Léaud.

Écoutez Fabrice Luchini.

Ils modèlent la réalité avec leur bouche.

Si tu as atterri ici, c'est peut-être que cela te touche toi aussi.

C'est quoi, parler bizarre ? Parler normal, c'est bien ?

On accède à des plaisirs très subtils et gratifiants quand on accepte d'être déstabilisé par des choses qui nous sont un peu étrangères.

Peux-tu admettre que tu es déstabilisé ?

Tu rencontres un objet qui détonne avec ta culture quotidienne. Cet objet, c'est moi. Je te mets mal à l'aise, il y a un inconfort, tu n'es pas sûr de mes intentions. Dans ta tête, ça se passe en une fraction de seconde. Par orgueil, tu peux basculer d'un côté : « Ah non ! Pourquoi y a-t-il des gens qui aiment ça ? Suis-je le seul à ne pas aimer ? Est-ce de ma faute si je ne comprends pas ? Qu'est-ce que vous lui trouvez, à Solange ? » Mais tu peux aussi te dire : « Quoi ? Qu'est-ce que c'est que ce truc ? Qu'est-ce que ça fout là ? » Respire.

Regarde. Va faire un tour. Reviens. Laisse tra-
vailler.

Nous pouvons nous entendre.

Et ça peut être drôle.

Ça peut être drôle de ne pas se comprendre.

Et toi,

comment fais-tu
pour ne pas faire comme dans la vie ?

Je suis bobo et vous emmerde

Le problème avec ce mot, bobo, c'est qu'il est la patate chaude de la cours de récré : quand on te traite de bobo, tu ne sais pas ce que c'est, mais tu sens, à voir et à entendre celui qui le dit, que ça craint du boudin, alors tu t'en défends : « Non ! Non, je ne suis pas bobo, jamais de la vie ! » Situation très puérile : le mot, qui n'a pas de définition claire, porte malgré tout un sens puisque chacun l'utilise et qu'il est de toute évidence connoté péjorativement. C'est celui qui l'dit qui l'est.

Bobo c'est moi, bobo c'est toi, sois bobo avec moi.

Oui, j'ai eu la chance de choisir, parce que mes parents, eux, n'ont pas pu et qu'ils ont tout misé sur mon éducation. Je ne suis pas enfant de bourgeois. Oui, je fais un métier créatif, je travaille quand je veux, où je veux, avec qui je veux, et je ne gagne pas grand-chose. Oui, j'accorde beaucoup d'importance aux détails du quotidien et, oui, j'ai envie que l'humanité aille mieux. Peut-être que je t'exaspère parce que tu n'as pas eu le courage de choisir, toi. La différence te fait peur. Si être un enfant gâté c'est être beaucoup aimé, alors je suis une enfant gâtée. Peut-être que tu n'as pas été aimé, toi. Bobo… J'ai un problème avec le mot parce que c'est tout le temps négatif. Personne aujourd'hui n'oserait se revendiquer bobo, c'est devenu synonyme de nuisible. Tu remplaces bobo par musulman, black, juif, gros… et là, d'un coup, c'est moins facile de s'en prendre à lui. Bobo, c'est tout et n'importe quoi. Bobo, ça t'arrange que ce soit flou. Bobo, c'est ton bouc émissaire préféré. Bobo, tu peux le définir ? Bobo, c'est une carica-ture. Oui, j'ai envie d'être chic et sale. Oui, j'ai envie d'harmonie universelle. Oui, j'aime ma soli-tude. Oui, j'apprécie le confort, mais oui, j'aime aller voir des spectacles ou des expos auxquels je ne comprends rien : ça m'élève. Oui, je suis abonnée aux *Inrocks* et à *Télérama*. Chez moi, c'est l'homme qui fait les lessives et la vaisselle. Oui, j'ai envie d'inventer des nouvelles façons de vivre ensemble. Bobo, c'est ton punching-ball. C'est tellement *mainstream* de taper sur les bobos. Bobo, c'est du vocabulaire pour bébés. Bobo c'est la modernité, bobo c'est l'avenir. Je ne suis pas l'exemple à suivre, je sais plus de choses que je n'ai d'argent. J'aime bien imaginer des trucs qui n'existent pas, qui n'ont pas d'utilité évidente, mais qui aident à vivre. Oui, je suis bobo et j'en ai marre qu'on me stigmatise. Stop le bobo bashing ! Bobo, c'est un vilain croche-pied par-derrière, c'est l'automatisme des commentateurs beaufs sur Internet. Je ne cherche pas le conflit, non. J'ai envie que les gens s'entendent – c'est une utopie, peut-être. C'est pas encore ça pour les femmes. Tu ne crois pas qu'ils étaient un peu bobos, ceux qui ont lancé les révolutions arabes ? Oui, je vis dans un quartier où je me sens culturellement en sécurité. Oui, j'aime bien que des gens différents se rencontrent, se mélangent, sympatisent. Tu vas dire : « On ne vit pas dans un monde de Bisou-nours ! » Et pourquoi pas ? Qui n'a pas besoin de bons sentiments ? Oui, je cherche du sens à ce que je fais et j'essaie de construire des choses de qua-lité. Oui, je pense que dans le couple la femme, l'homme et leurs rôles sont interchangeables. Oui, si j'avais un enfant, je ne voudrais peut-être plus qu'on le note à l'école. Oui, j'ai envie que mon travail m'épanouisse personnellement, parce que, s'il ne m'épanouit pas, moi, je vais intoxiquer tout le monde ! Non, bobo n'est pas ellitiste, bobo s'adapte, bobo cherche, bobo se trompe, bobo trouve. Bobo, il veut réussir *sa* vie, il n'en a rien à faire de réussir *dans* la vie. Le bobo est curieux de toi en ce moment même, le bobo aimerait parler avec toi. Oui, je veux me faire plaisir et oui je veux sauver la planète et oui les deux en même temps et non je n'y arriverai pas, mais je continue d'espérer. Oui, je mange bio parce que ça me fait du bien dans les organes. Je regarde toutes sortes de films sous-titrés, des hongrois, des russes, des allemands, des suédois, des finlandais. Oui, le métier que je fais est étroitement lié à ma vie personnelle et je continuerai de cultiver cette interpénétration. Oui, j'ai envie d'avoir des plantes et un petit chien et d'aller faire les brocantes. Oui, je mange du kale. Oui, j'essaie de ne plus acheter les poissons menacés. D'accord, je ne vais dans aucune chaîne de fast-food. Oui, je lave ma salle de bains au vinaigre blanc. J'essaie d'arrêter le gluten et les produits laitiers. Je consomme local, mais j'achète des ananas et des mangues qui viennent de loin, parce que c'est quand même bon. Oui, j'ai plusieurs produits Apple. J'ai un frigo dans mon salon et j'adore. Oui, je fais du yoga. Je suis bobo et je vous emmerde.

Et toi,

comment fais-tu
pour attendrir le kale ?

Dire je t'aime

J'ai été une enfant très aimée. On me le disait souvent, plusieurs fois par jour : « Je t'aime ». Ces mots : je t'aime, je les ai beaucoup entendus.

J'avais un copain, on est resté deux ou trois ans ensemble, ses parents ne lui avaient jamais dit « Je t'aime ». J'en avais parlé avec sa mère qui m'avait répondu : « Oh, mais il le sait… » Et j'insistais : « Mais vous pourriez le lui dire, ça lui ferait plaisir. » Et elle répétait : « Non, mais c'est compliqué, il le sait, il le sait… »

Beaucoup de femmes m'ont confié leurs difficultés à dire « Je t'aime ». Généralement – généralement ! – elles aimeraient bien le dire, et l'entendre, mais elles se retiennent parce que cela fait fuir les garçons, et elles se satisfont de peu l'entendre parce qu'elles ont l'impression que ça coûte trop à leur partenaire. Je trouve cela bizarre.

Une fois, j'étais à Montréal, j'ai rencontré sur Internet un webdesigner et je lui ai demandé de l'aide pour créer un site Internet. On n'a jamais créé de site, mais on est devenu assez proches. Il faisait des bandes dessinées en ligne et, un jour que j'étais chez lui, il m'a montré une animation qu'il avait faite avec une petite Solange. Il a vu que ça me touchait. Alors, il m'a dit : « Je t'aime ». Il m'a dit : « Je t'aime ! Oh, je t'aime… » Il me l'a dit comme s'il m'avait dit « Tu es belle aujourd'hui » ou « Je suis content que tu sois là ». C'était spontané, authentique, pas du tout engageant ni lourd. Ce petit « Je t'aime » était sans conséquence, si ce n'est celle de transmettre un sentiment surgi à ce moment-là. Et j'ai pensé : OK, ce type a tout compris. On n'était pas en couple, il était avec quelqu'un vaguement, moi j'étais avec quelqu'un vaguement, la question n'était pas de savoir si quelque chose se jouait entre nous. C'était frais, doux, absolument juste.

« Je t'aime » c'est bon à dire, c'est bon à entendre, on ne devrait pas s'en faire une montagne. Je trouve dommage que des couples partagent une intimité manifeste et n'osent pas, ou se retiennent, ou ont peur de dire ou d'entendre « Je t'aime ».

Moi je te le dis.

Je ne te connais pas, je ne sais pas qui tu es, si ça se trouve je t'insupporte. Mais ça n'est pas un engagement. « Je t'aime », ça ne veut pas dire : vivons ensemble soixante-dix-huit ans, ayons des enfants, un chien, portons une alliance, dormons dans le même lit pour l'éternité et tu ne feras rien sans me le demander. « Je t'aime », ça veut juste dire : là, tu es la personne qui me fait du bien. Ou même pas ! On peut dire : « J'aime ta robe aujourd'hui. » Pourquoi j'aimerais ta robe et je ne pourrais pas t'aimer toi, aujourd'hui ?

Je le dis à quelques-unes de mes amies. Je ne suis pas sûre qu'elles soient très à l'aise, mais je pense qu'elles sentent que c'est sans attente. Je ne dis pas « Je t'aime » pour qu'on me renvoie un « Je t'aime ». Je dis « Je t'aime » parce que c'est la phrase qui exprime le plus simplement ce que je ressens à un moment tout précis (je le ressens peut-être durant trente secondes), mais c'est telle-ment triste de me priver et de priver les autres de ce surgissement qui est si bon qu'il peut

transformer une journée un peu morne en une
journée un peu gaie.

Alors,

ce que je propose, c'est que si

tu n'oses pas

ou tu hésites

ou tu te demandes si c'est de bon ton de dire
« Je t'aime » à quelqu'un en ce moment,

quelqu'un que tu aimes, peu importe la raison
et peu importe la nature de votre relation,

tu peux lui tendre ce livre ouvert à cette page
et je vais lui dire, pour toi,

maintenant :

Chère belle personne à qui on a tendu ce livre,
je suis une petite messagère chargée de te dire
que
on t'aime
tous les deux
on t'aime.
Ne t'en fais pas une montagne, ce n'est pas un
serment ni une déclaration, c'est
juste : j'avais envie que tu saches.
Parce que, bah, je n'ose pas te le dire parce que je

ne trouve pas le bon moment, et j'ai peur que ça veuille dire trop…

Mais : je t'aime. Voilà.

C'est tout !

Tu n'es pas obligé(e) de répondre. Il n'y a pas d'obligation. Juste, ça me fait du bien de le dire parce que c'est pile ce que je ressens et que le retenir c'est trop con. (Bon, ça fait aussi du bien que tu le saches.)

Et toi,

comment fais-tu
pour leur dire même s'ils savent ?

Google très obscène

Je parle trop des choses du sexe. C'est du moins ce que laisse entendre le relevé des requêtes Google qui conduisent à solangeteparle.com. Les gens débarquent parfois avec de curieuses inter-rogations…

"doit on mettre du deo sur le pubis"

Portez des robes ! Portez des jupes ! Pratiquez des bains de siège à l'eau glacée ! Lavez-vous régu-lièrement, tout ira bien.

"comment parler pou convainquent. une fanm"

La communication, c'est le bien. Or, l'amour n'est pas un démarchage. Si tu es sensible au principe de consentement mutuel, l'argumentaire n'y changera rien. Quand c'est non, c'est non.

"biscotte masturbation féminine"

Je ne suis pas au courant de toutes les pratiques qui existent, mais la biscotte semble pouvoir blesser en râpant la peau délicate des zones concernées. À moins que le « biscottage » se rapporte aux biscoteaux ?

"je n'ai que 1m58 est ce un handicape"

C'est précisément ma taille. Suis-je handicapée ? Pas officiellement.

"soliloquie adulte hp"

Ce pourrait être le sous-titre de ma vie.

"problème psychologique solangeteparle"

Lesquels ? Les anciens ? Des nouveaux ? Une rechute ? Je, définitivement.

"mémé nue"

Ah. Trop bien. Contente pour elle.

"que resentes les femmes quan nou les penetron"

Je pense que l'on fait grand cas de la pénétration, à tort. Il est plutôt louable de vous intéresser aux sensations de votre partenaire, mais demandez-lui directement. Ou alors, seriez-vous puceau ? Cela expliquerait l'absence de notions de conjugaison.

"baise et camembert"

Alors là ! Tu as essayé ? Tu as quoi ? Tu as fait un trou dedans ? J'avais lu en ligne le récit d'un type qui confectionnait des vagins en beurre. Et il les utilisait. J'espère qu'aucun spécimen de fromage n'a… non, je ne veux pas y penser.

"je suis adulte et je marche sur la pointe des pieds"

Hmmm. Est-ce un problème ? Est-ce le titre d'un livre, d'une chanson, d'un poème ? C'est bien pour le dos, à ce qu'il paraît, on arrive mieux à encaisser le choc. Je t'encourage à persévérer.

"vagin radiophonique"

On peut le faire. Cela a sûrement été fait. Un micro là-dedans, je ne sais pas ce qu'il entend vraiment. Si la femme est enceinte, peut-être y a-t-il une plus grande variété de sons. Quoique. Je ne suis pas médecin. Voilà en tout cas un beau programme d'émission nocturne sur France-Culture. Je me propose de l'animer.

"je suis ton aliment préféré je te parle"

Ah, c'est toi ! Je ne te mange pas assez ? Raconte-moi tout. Comment sais-tu que tu es mon préféré ? Es-tu une noix de cajou ? de la betterave râpée ?

"masturbation avec oreiller seule le lit grince"

Eh, mais si tu es seule, on s'en fout que le lit grince ! Il faut essayer toutes les directions. Peut-être que dans la longueur ça grince, alors essaie l'oblique. Et la largeur aussi. Il faut peut-être déplacer le lit. Refaire l'aménagement de la chambre. Ou alors tenter ça sur le canapé, si tu en as un.

"femme nue sur une tondeuse"

Oui, je vois. La mécanique au service de la femme. Il faut trouver le contexte propice. Je suggère un terrain de golf, comme ça vous vivez votre truc tout en ayant le temps de voir venir. Un mot d'ordre : avant de les traumatiser, demandez leur assentiment aux végétaux.

Et toi,

comment fais-tu
pour embarrasser Google ?

Qu'est-ce que la vie ?

Depuis quinze jours, et pour encore au moins un mois, j'expérimente la semaine normale. Lala-lalalala.

Je travaille de dix heures à dix-huit heures, du lundi au vendredi, avec deux heures de transport quotidien en RER loin de chez moi, des occupations à prévoir pour passer le temps et de drôles d'odeurs le long du parcours. Je rêve du week-end et quand arrive le vendredi – j'ai remarqué que le vendredi provoquait une poussée euphorisante de liberté imaginaire –, je me crois invincible, une vie entière s'étale devant moi pour tout expérimenter.

Je ne connaissais pas cela. Parce que tous les boulots que j'ai eus jusqu'ici ne nécessitaient pas d'horaires ou de semaines fixes, j'étais donc privée de cette poussée d'adrénaline du vendredi soir.

La semaine normale m'est supportable parce que je sais que je m'y plie pour une durée déterminée et que ma liberté d'avant m'attend au bout du tunnel, mais toi ? Toi… Qui travailles du lundi au vendredi, qui passes chaque jour deux heures ou plus dans les transports, qui dois préparer une lunch box et assortir des tenues le week-end pour la semaine, toi qui organises tes lessives, tes courses, ton temps d'intimité en conséquence… Est-ce que ça va ? Comment fais-tu pour tenir ? Aimes-tu ton travail ? Si tu aimes ton travail, alors je comprends. Mais. Tous les gens que je croise dans le RER, aiment-ils leur travail ? Parce que si tu n'aimes pas ton travail, et que tu te lèves tôt et te couches à l'heure que tu peux en n'ayant pas vraiment fait ce que ton cœur et ton ventre sont programmés pour désirer, alors quelle est ta vie ? De quoi rêves-tu ?

Le vendredi soir, tu te crois tout-puissant, tu as deux jours devant toi, la semaine est finie, tu tires des plans sur la comète, te promets d'accomplir tout ce dont tu as rêvé durant la semaine : tu t'imaginais dans des salles de ciné, dans des lounges à la mode, riant, buvant, emballant. Et maintenant que le vendredi est là, tu te sens pousser des ailes. Le samedi matin, tu fais la grasse matinée parce que tu te dis : « J'ai manqué de sommeil, j'ai bien travaillé toute cette semaine, je mérite ce temps de repos. » Tu te réveilles, il est quoi ? onze heures ? midi ? bientôt treize heures ? Tu ne sais pas quoi manger, alors tu envisages de descendre à la boulangerie, mais tu hésites : dois-je me laver, dois-je m'habiller, dois-je bruncher, dois-je appeler Untel, dois-je… que faire ? que programmer ? quelles sont les séances de cinéma ? cette expo est-elle encore visible ? Et tu fais ton plan, tu t'habilles, te laves et sors, il est quoi ? quinze ou seize heures ? Pendant que tu marches dans cette forêt avec ton chien, tu réfléchis et te demandes ce que tu mangeras le soir ou si tu sortiras, et tu penses : « Demain, déjà, dimanche. » Et tu sais, tu sais que ce tourment te guette entre les draps du samedi soir. « Demain… demain je me lève et demain c'est dimanche. » Et le dimanche, quand tu souscris à la semaine normale, le dimanche n'est jamais réussi parce que plane au-dessus de lui l'échéance du lundi !

Si tu es une proie de la semaine normale, tu es la raison qui m'aide à tenir, et je pense à toi, et je me demande comment tu tiens. Rêves-tu de vacances ?

Pitié ! ne me dis pas que tu rêves des vacances ! Tu fais un travail que tu n'aimes pas trop, mais qui t'aide à te nourrir ou peut-être à consommer. Tu travailles pour t'acheter des choses ? Tu penses à ce que ton travail te permettra d'acquérir ? Est-ce que c'est ça ? Est-ce que tu travailles parce que tu te dis : grâce à ce travail, je peux me faire un resto, je peux m'acheter un pantalon joli, je peux changer la couleur des armoires de la cuisine, m'offrir une leçon de plongée sous-marine ? Ce qui te fait tenir, est-ce bien cela ?

Je réalise maintenant que, n'étant pas soumise aux contraintes de la semaine normale, je suis privée de l'euphorie du week-end qui, pour sûr, aide chimiquement le cerveau à traverser l'épreuve du quotidien. Et comme je ne suis attendue nulle part et que je n'ai pas accès à cette chimie euphorisante du vendredi, je porte ma liberté comme une croix, culpabilisant à tout instant de ne pas avoir fait assez, d'être en retard sur la vie…

As-tu pensé à tout ça quand tu as décidé ce que tu voulais faire de ta vie ? « Je m'assujettirai du lundi 7h au vendredi 19h. Les week-ends et vacances demeureront mes seuls mirages de liberté, et ainsi ira ma vie, ce que je suis, à quoi je

sers, ainsi de suite, jusqu'à la retraite, si j'en ai. »
Est-ce bien ce pour quoi tu as signé ?

Comment te sens-tu ?

Veux-tu changer ?

Qui veut changer ?

Est-ce que ton utilité correspond à tes rêves ?

Te sens-tu à la bonne place ?

Quand j'étais petite, je croyais qu'adulte c'était arrêter d'être soumis à la semaine normale. En fait, ça n'a rien à voir.

Et toi,

comment fais-tu
pour braver la normalité ?

Choses intimes

Maintenant que tout le monde s'est bien dit « Je t'aime » (est-ce que tout le monde s'est bien dit « Je t'aime » ?), on va pouvoir attaquer les choses sérieuses.

Jeune fille, j'ai eu du mal à entretenir des rapports amoureux avec les garçons de mon âge. Je ne sais pas pourquoi avec certitude, mais j'ai quelques hypothèses, par exemple mon refus de me prendre au jeu de certaines autres filles qui, lorsqu'elles étaient attirées par un garçon, ne le lui disaient pas. Les fois où je l'ai dit franchement, je me suis heurtée au renoncement desdits garçons, qui, sans doute, le regrettent aujourd'hui, mais ça c'est leur problème.

Il n'est plus ici question d'avouer des sentiments, mais bien d'affirmer un élan physique, un

désir d'intimité, de nudité, de sensorialité par-
tagée avec un autre corps chaud

Est-ce que je veux parler de sexualité ? Sûrement.

J'ai traversé des périodes de consommation
charnelle, d'indécision relationnelle, où il m'arri-
vait d'être attirée par quelqu'un pour aucune
autre raison que l'envie soudaine de le voir nu
auprès de moi, sous les draps de mon petit lit. Or,
lorsque je me déclarais, je n'essuyais que des refus.

Mon raisonnement se déroulait comme suit :
en cas d'attraction physique envers quelqu'un,
je suis plutôt d'avis de le lui faire savoir. Pourquoi essayer de se désintéresser de celui à qui l'on
s'intéresse dans le but incertain de l'inciter à s'intéresser davantage à soi, sous prétexte que l'attraction initiale engendrerait son indifférence ? Je ne
comprends pas la logique du « plus tu commu-
niques ton élan, moins il y a de réciprocité ». Il
serait grand temps, gens de tous pays, d'être enfin
curieux des personnes qui s'intéressent à vous.

Il y a quelques années, une fille m'a conseillé de
ne pas dire au garçon qui m'intéressait qu'il m'intéressait. Donc, je déambulais avec mon secret (je
suis séduite par ce garçon) et avec cette mission

(surtout ne pas le lui dire). Et puis quoi encore ?
Quels sont les développements possibles, me
suis-je demandé. Cette camarade m'avait gratifiée
de son conseil suite à un précédent où, de fait,
j'avais avoué à quelqu'un qui m'intéressait qu'il
m'intéressait. J'avais dû lui dire : « Est-ce que tu
aimerais partager une intimité avec moi ? Je ne
sais pas si c'est amoureux, mais en tout cas tu
m'attires » – ou quelque chose d'aussi subtil et
franc. Le garçon en question s'était défilé, comme
on s'en doute. Il n'était pas le premier ni ne serait
le dernier. Pourquoi ?

Je retiendrai que la jeunesse y est peut-être pour
quelque chose. J'ai cru comprendre qu'exposer
son intérêt à quelqu'un (peu sûr de son intérêt
propre) pouvait provoquer un réflexe de désin-
térêt à votre endroit (qui êtes suspectée d'être trop
sûre de vous et donc vraisemblablement dans l'erreur). Ne nageons-nous pas en pleine absurdité ?

Reprenons mon raisonnement spontané :

1) Je suis attirée par quelqu'un.

2) Je le lui dis.

3) Il voit.

(J'ai beau tourner et retourner le problème, je ne
vois pas comment se passer du point numéro deux

sans risquer la panoplie de malentendus débouchant à tout coup sur une relation malsaine.)

Si je ne dis pas mon attirance, si je joue le jeu du je-me-désintéresse-de-toi-ostensiblement-de-manière-que-tu-remarques-que-je-ne-m'intéresse-pas-du-tout-à-toi – alors quoi ?

Ton orgueil sera piqué et tu songeras : « Cette fille n'a rien compris à moi, impossible de la laisser se désintéresser de la sorte, je dois la convaincre de l'intérêt que je représente ! »

Qu'en déduire ?

Que la séduction opère mieux lorsque la provocation supplante l'honnêteté ? Que l'indifférence motive la conquête ?

Sans blague ! Peut-on envisager, passé douze ans et demi, le succès d'un tel stratagème ? La réponse est non.

Disons-nous plutôt qu'on s'attire, d'accord ?

Pour marquer le coup, j'ai fait la liste – très incomplète – des personnes avec l'accord desquelles je voudrais bien partager mon lit pour, disons, au moins une petite heure (renouvelable avec consentement des parties). Avec elles, je voudrais bien faire les choses intimes. Je leur dirais oui, je le veux, je te veux.

Mads Mikkelsen

Roger Federer

Barack Obama

Luz

Scott Walker

Kyle MacLachlan

Jesse Eisenberg

Samuel Beckett (même dans sa tombe)

Matthew Barney (dans n'importe lequel de ses costumes)

Nicolas Winding Refn

Patrick Modiano (si possible en 1969)

Tyrion Lannister (*alias* Peter Dinklage)

Michael Pitt (en Kurt Cobain, chez Gus Van Sant)

Céline Dumerc

Delphine Seyrig (même dans sa tombe)

Beth Ditto

Catherine Millet

Tilda Swinton

Moi-même

Anna Thomson

Nancy Huston

Daria

Tous les personnages de Francis Bacon, dans le studio de Francis Bacon, devant Francis Bacon

Edward aux mains d'argent

Salad Fingers

Un paresseux

Truite

Une tourbière dans les Vosges

HAL de 2001

Et Ponyo dès qu'elle sera majeure.

À tous et toutes, j'ouvre dès maintenant ma porte et mes bras et mon cœur et mon corps et mes draps.

Et toi,

comment fais-tu
pour t'attirer les attirants ?

Ceci est mon corps

Jamais je ne me vois du dessus. Je ne sais pas me coiffer. Vous vous enroulez, cheveux, vous m'habillez, derrière vous je me cache. Indomptable, la crinière. Un épi à la cime du crâne, je boucle bien. Sourcils, leurs mouvements m'échappent, toujours inquiets sur le front, vont me rider. Petits yeux de taupe. Nez rougi de froid. Lèvres rétractiles. Canine dissonante. Je souris de tout mon gros visage. J'ai de bonnes dents, sensibles. Masse de joues juvéniles, mon gros visage se videra-t-il un jour ? Ma peau. Taches de rousseur hors saison. Ma peau. Pelage invisible. Les éruptions. Mon oreille percée asymétrique. Cambrure endolorie. Squelette. Seins qui m'entravez, tombez pour de bon. Téton timide, faut-il te censurer ? Ventre aimé. Mes hanches, vous n'élargissez rien, pas de taille à démarquer. Je suis fendue très bas à l'endroit de la vulve. Mes jambes, la peau de poulet sur les pattes, ces jambes que je n'hydrate pas, que je n'exfolie pas, genoux moches, cuisses musclées volumineuses. Je ne suis pas une brindille, m'affranchir enfin de ce fantasme. Je marche vite. Mon bras commence à s'affaisser, je me trouve de jolies mains, sauf les index arqués. Les petites cuticules desséchées. Poignets fins, veines parcourues du sang usé. Doigt de pied, tu ne vois pas la lumière. Ongles se perdant dans la peau qui gagne du terrain. Ma petite peau.

Ceci est mon corps.

Et toi,

comment fais-tu
pour te parcourir ?

Acné *vs* pilule
(ou comment j'ai ingéré
une bombe à retardement)

À partir du début de la puberté, j'ai découvert que j'avais hérité de mes chers parents une peau dite à problèmes. Entre treize et seize ans, j'ai eu de l'acné comme pas mal d'adolescents et je complexais jusqu'à la déprime. Je n'ai aucune image-souvenir de cette période de ma vie parce que je refusais d'être photographiée. À quinze ans, j'ai rencontré une dermatologue qui a proposé de me prescrire Diane 35 en me demandant si j'envisageais de prendre une contraception, et comme c'était plus ou moins le cas – j'avais un copain –, j'ai répondu que ça me paraissait idéal. Elle m'a présenté le traitement comme une solution exemplaire dont je serais bête de me priver : non seulement j'aurais une peau impeccable, mais j'éviterais du même coup la probabilité de grossesse.

C'est une histoire assez banale. Nous sommes des milliers de femmes à avoir rencontré la pilule dans ces conditions à l'adolescence, alors qu'on avait une vilaine peau et un petit copain. Nous sommes des milliers de femmes aujourd'hui, dix ou quinze ans plus tard, à en vouloir à ces médecins dermatos, gynécos, de nous avoir prescrit un traitement en nous faisant miroiter qu'il correspondait parfaitement à notre situation. J'ai pris ma première pilule Diane 35 à seize ans. J'ai jeté ma dernière plaquette il y a environ six mois. Treize ans plus tard, à vingt-neuf ans, j'ai décidé d'arrêter de fournir à mon corps ces hormones de synthèse.

J'ai longtemps vénéré le traitement. Je n'avais plus à m'inquiéter de la chimie naturelle et aléatoire de mon propre système hormonal, devenu peu à peu l'opposant clandestin fomentant son come-back depuis l'intérieur. Et puis, au fil du temps, les mêmes médecins – ou bien d'autres – ont commencé à s'inquiéter… à nous faire culpabiliser. J'ai dû culpabiliser au moins quatre ou cinq ans avant de prendre la décision d'arrêter la pilule. J'allais avoir des tas d'accidents vasculaires cérébraux… Entre-temps, la pilule m'avait quand même fait prendre du poids et donc grossir les seins, les fesses et les cuisses dans tous les sens, me gravant au passage des vergetures indélébiles sur la peau de ces parties délicates et précieuses.

Quand j'ai voulu arrêter, j'en ai d'abord parlé à mon médecin qui m'a sorti : « Mais pourquoi voulez-vous arrêter ? » Des milliers de femmes vous diront qu'elles ont eu le même dialogue de sourds avec leur médecin, leur gynéco : « Si vous avez des problèmes de peau, essayez la pilule ! » C'est très banal.

Pourquoi veut-on arrêter de prendre la pilule ? Parce qu'on se dit qu'on a peut-être été un peu impatiente, adolescente. Qu'on n'a pas pris le temps de bien rencontrer son corps, de comprendre comment il fonctionne, de lui donner la liberté de s'exprimer parce qu'il faisait peur. Que cet empressement à lui prescrire un médicament allait bel et bien dans le sens de cette peur. Et que ces plaquettes, toutes ces plaquettes, et ces plaquettes à répétition, ça ne peut pas lui avoir fait que du bien. Que l'acné est un problème indépendant de la contraception et qu'on aurait aimé le traiter comme tel, sans se laisser embobiner par le discours aguicheur des labos.

Quand j'en ai parlé à une gynéco un peu plus compréhensive, elle n'était même pas au courant des méthodes d'arrêt progressif de la pilule, qui permettent de s'en défaire plus doucement (pour limiter la casse). Je me suis vue isolée dans mon coin avec mon cutter, à scinder les pilules en quatre et à faire de savants calculs pour préméditer la date de l'arrêt définitif... J'étais démunie avec mes petites combines, comme on l'est toutes. Bref. J'ai pris ma dernière pilule il y a six mois, j'étais fière. Les premiers mois, ma peau s'est brouillée petit à petit, j'avais quelques boutons en début de cycle. Je me disais que c'était pour la bonne cause, j'essayais d'être courageuse, jusqu'à ce que, il y a quelques semaines, j'aie une méchante poussée bien vilaine, digne des heures les plus sombres de mon adolescence.

Évidemment il y a pire dans la vie, évidemment. Bien sûr, ce n'est rien du tout, je suis valide et en bonne santé, ce n'est pas la question. N'empêche, je fais un métier où mon visage est au centre. On me reconnaît un peu dans la rue. J'essaie de me dire que ce n'est pas grave, que c'est comme les bons légumes bio qui ont des imperfections et qu'on choisit quand même parce qu'on sait qu'ils sont nature. N'empêche ça me fait mal, ça me pince sous la peau, et je ne peux pas me retenir de penser que ce n'est pas très sain ; c'est laid un bouton, c'est rouge et puis c'est blanc et puis ça saigne et puis il y a du pus, et puis ça s'étend et puis ça gratte et puis on a tout ce rapport avec lui, qu'est-ce qu'on va bien pouvoir lui faire, on le laisse pousser, on l'attaque, on reste cachée, on ne sort plus, on lui met des trucs, est-ce qu'on le maquille, et si on le maquille ça fait sale et puis on se sent sale, on se sent un peu comme ça, oui, corrompue. On n'ose plus trop croiser le regard des gens quand on sort dans la rue, on regarde ses pieds. Donc on fait des recherches interminables sur Internet, parce qu'il y a Internet, vive Internet. Qu'est-ce que je dois manger ? Ça ne va pas. OK, donc on arrête les produits laitiers, tous, même le fromage. On arrête le gluten, sait-on jamais, l'intolérance est possible, d'accord. On lit que la pilule a pu perturber la régulation de la glycémie, alors on arrête le sucre sous toutes ses formes et on rompt avec tout aliment affichant un indice glycémique élevé. On se pose la question avant de manger une banane ou une datte : est-ce que ça va me donner des boutons ? On envisage tous les traitements. On se met à décrypter les étiquettes des produits entrant en contact de près ou de loin avec le visage, alors il va falloir tout jeter parce que des ingrédients comédogènes se sont infiltrés partout. Il faudra prendre l'air mais éviter le soleil parce qu'il épaissit l'épiderme. Il faudra par précaution s'étaler un filtre solaire minéral qui vous donne une mine crayeuse de marionnette vintage. Il faudra faire du sport, mais pas trop. Dormir, mais se coucher tôt de manière à se lever tôt, et changer sa taie d'oreiller tous les trois jours. Il faudra gérer le stress, mais quand tu as de l'acné suractive à trente ans et que les gens te reconnaissent dans la rue, comment tu fais ? Tu avaleras quantité de probiotiques milliardaires, de capsules de zinc, de vitamines B6 et d'huile de foie de morue fermentée importée de la côte Ouest. Tu mangeras beaucoup beaucoup de légumes qui prennent beaucoup beaucoup de temps à acheter, laver, peler, couper et mastiquer. Tu feras la tête, tu seras sur les nerfs, les gens qui t'aiment te diront que ça ne fait rien, et ceux dont la peau resplendit naturellement auront toujours les meilleurs conseils pour toi. Pour eux, ce n'est pas normal tous ces boutons, tu dois forcément faire un truc de travers, enfin c'est simple, quoi ! Bah non. Je fais des tas de trucs en plus dont tu n'as même pas idée pour que ça n'aboutisse à rien du tout.

Je suis consciente d'en faire tout un plat, mais je t'assure que je prends sur moi quand je regarde l'Instagram de Charlotte Lebon, car je n'ai qu'une envie, me jeter par la fenêtre. Je crains le pire, je ne sais pas quoi faire, je ronge mon frein, je me dis que ça va passer, je suis prête à tout faire pour, je suis fière d'avoir arrêté ma pilule, j'ai encore un peu de courage… même si c'est le printemps et que je n'ai pas envie de sortir et que tout ce beau temps, ça me file le bourdon. J'espère que très vite, disons dans moins de dix ans, tout bientôt, on aura autre chose à proposer aux ados qui ont une vilaine peau et un petit copain.

Et toi,

comment fais-tu
pour retomber en puberté ?

@SolangeTeParle

Les larmes sèchent plus vite que les draps.

Ramène tes ennuis, on fera fifty-fifty.

Le sex-appeal des garçons qui sentent la lessive.

Va rencontrer l'enfant que tu étais et dis-lui que ça va bien se passer.

La perfection existe dans ta mémoire.

Continue d'embrasser les grenouilles, ça finira par marcher.

Sous la jupe, l'impasse.

Pénis, inclinez-vous

Pour rencontrer un pénis, vous devez mettre en avant des attributs susceptibles d'éveiller son imaginaire très subtil et évolué.

Gloire au pénis !

La réponse favorable du pénis valide votre potentiel de séduction et/ou de féminité, et, de là, votre valeur intrinsèque.

Une formation préalable au maniement de la machinerie pénienne peut être un atout.

La couille, quelle merveille !

Gloire au pénis !

Contenter le pénis, c'est s'assurer sa fidélité ; car le pénis est toujours à l'affût d'une adoratrice plus zélée que vous. C'est là toute sa grandeur : il est exigeant et sélectif.

Gloire au pénis !

Le pénis mérite que l'on s'extasie à sa découverte, car il est toujours plus bouleversant que l'idée qu'on s'en fait. Peu importe sa forme objective, sa seule présence à vos côtés suffit à lui conférer toute sa noblesse.

Faites confiance au pénis. Reposez-vous sur lui. Il sait où aller et quand s'y rendre. Laissez-vous simplement guider.

Le pénis apprécie de disposer d'un maximum d'options. Pour cela, votre corps regorge de recoins conçus pour son plaisir. Sachez que votre bouche, votre anus, votre vagin, sont tapissés de millions de petits récepteurs sensoriels qui absorbent et transforment en plaisir intense la moindre palpitation du pénis.

Il entre, il est là, c'est lui. Gloire au pénis !

On ne le répétera jamais assez : le coït est au cœur de la sexualité.

Bon, qu'aurais-je aimé savoir, lire ou entendre, à quatorze ans, quand j'ai eu Internet et que j'ai commencé à faire des requêtes sur le sexe ?

J'aurais aimé savoir que le pénis, ça n'est pas le plus important. J'aurais aimé... je ne sais pas. J'aurais préféré qu'on m'amène à envisager le pénis comme un ami, comme un petit animal apprivoisable – ce que j'ai fini par trouver par moi-même –, mais un petit animal qui a une vie hors des orifices consacrés, qui n'est pas qu'une bête de pénétration. Qui peut avoir du plaisir sans éjaculer, sans durcir complètement ou partielle-ment. J'aurais aimé ne pas perdre trop de temps et de confiance à me questionner sur les raisons pour lesquelles « faire l'amour » ne m'apportait pas du tout le même plaisir que celui que j'avais toute seule. Quand j'étais toute seule, c'était trop bien, alors que les trucs classiques, heu, bof. J'au-rais aimé que ça ne m'affecte pas au point d'en arriver à mépriser mes activités solitaires comme si elles étaient moins adultes, moins sérieuses.

J'avoue j'ai eu de la chance et de bons parte-naires. Mais j'aurais aimé que plus de gens laissent entendre objectivement que le vagin n'est peut-être pas l'organe du plaisir chez la femme [1] – enfin,

---

1. Mes propos ne visent en aucun cas à offenser les personnes qui ne se reconnaissent pas dans les étiquettes « femmes » ou « hommes », ni à exclure toute orientation sexuelle que mon discours omettrait malencontreuse-ment. Je vous prie d'excuser mes maladresses et je pro-mets de m'améliorer.

pas forcément, pas exclusivement, pas le passage obligé. Et qu'on m'explique en détail – ce qui est encore assez peu répandu – que le clitoris est un très grand organe profond et que ses racines irriguent l'entrée du vagin, la première portion, que c'est là où la pénétration est bonne et qu'au-delà on ne recense pas d'organe du plaisir dans le fond du col. J'aurais aimé voir plus d'exemples de femmes qui envoient balader les pénis, prouvant qu'on peut faire l'amour sans les pénis, qu'il n'y a pas la dictature des pénis. J'aurais aimé rencontrer plus d'hommes qui me disent : « T'en fais pas, je bande, mais on n'est obligé de rien. » J'aurais aimé – enfin, j'aimerais – que plus de femmes avouent sans honte pouvoir se passer des pénis.

Si tu n'as jamais rencontré un pénis en vrai, qu'est-ce que je pourrais te dire ? Prends le temps de le rencontrer vraiment, les yeux dans les yeux. Le regarder, le toucher – pas pour le faire durcir tout de suite, ça viendra. Oui, passe du temps avec un pénis sans être sous la pression de devoir te l'enfouir je ne sais où. Si le partenaire avec qui tu es ne te laisse pas rencontrer un pénis tranquillement à ta façon, casse-toi. C'est une curiosité, cette bestiole, quand tu n'en as pas. Moi, j'ai vu peu de pornographie, donc au moins je n'ai pas été trop polluée à ce niveau-là. Mais c'est vraiment une drôle de chose. Comme un vagin ou une vulve. Ne t'en fais pas si l'intrusion d'un pénis dans ton corps ne te fait rien. Te rebute. T'inconforte. Moi, c'était le cas. Je n'avais pas très envie que… ça ne ressemblait en rien au plaisir que j'imaginais. Et ce n'est pas grave. Parfois ça s'en rapproche et on a du mal à identifier pourquoi. C'est pour ça qu'on recommence, et c'est instructif.

Si tu n'as jamais rencontré un pénis, qu'est-ce que je peux t'en dire ? Oui, j'encouragerai toujours à la nudité hors de la sexualité pour dédramatiser tout ça et mettre à plat tous les organes (ouille). Un pénis, ça vaut un coude, un cheveu, un ongle du gros orteil, mais en nous obligeant à le cacher sans arrêt, on s'en fait tout un plat.

Tu peux avoir une sexualité épanouie sans pénis. On peut se passer des pénis. On peut s'en passer à l'intérieur de soi. On peut aimer les avoir à l'extérieur de soi. On peut les aimer dans un trou et pas dans un autre. Tout est possible. Je ne détiens pas la vérité sur le corps des femmes ou le corps des humains, mais c'est vraiment compliqué quand on a pratiqué la masturbation et quand on a une notion personnelle et solitaire du plaisir, ça prend un sacré mégapaquet de temps avant que la rencontre avec un corps extérieur produise ce plaisir intime et personnel très très à soi qu'on s'est construit pendant plusieurs années. C'est long. Et ça n'est pas automatique. Et c'est complexe. Et c'est laborieux. Et c'est décourageant. Et ça fait mal parfois. Et il faut être au clair avec ce qu'on peut endurer ou pas. Il est important que les partenaires ne t'embrouillent pas en te disant que tu devrais aimer telle chose et que telle fille aime telle chose et que toi tu devrais aimer ça parce que telle fille aime ça. Parfois on a envie d'être toutes des salopes, mais c'est absurde. On se ment et ce n'est pas du tout épanouissant.

Qu'est-ce que j'aurais aimé qu'on me dise avant que je rencontre un pénis ? Prends du recul. Retarde la pénétration, libre à toi de l'envisager millimètre par millimètre. Dans 99 % des cas, ils rentrent trop tôt et trop vite. Et mal. Et ils ne s'en rendent pas compte parce que c'est un peu flou pour eux, l'action du pénis. Je crois qu'ils n'ont pas une sensation aussi précise qu'avec un doigt par exemple, ils ne sont pas très conscients d'où ils sont ni de ce qu'ils font avec, donc ce n'est pas leur faute non plus.

C'est un organe un peu primitif. Tu n'es pas obligée de faire des choses avec les pénis, ça ne fait pas de toi une sous-femme, ou une demi-femme, ou une lesbienne, ou une mal-baisée, ou une frustrée, ou une frigide.

Pas du tout.

Ça fait de toi un être raffiné qui appréhende les choses autrement, qui sait ce qu'elle veut, qui tente des trucs.

Une érection, ça n'est pas une menace. Ce n'est pas parce qu'il y a érection qu'il doit y avoir pénétration, ou éjaculation, ou orgasme de l'un ou de l'autre, ou rapport. Il serait dommage que les gens croient que devant une érection on doive se prosterner, ou s'agenouiller, ou s'allonger, ou s'ouvrir et se placer à disposition d'elle. Non. Enfin, si vous avez envie, si c'est votre délire et que vous êtes d'humeur, alors pourquoi pas.

Est-ce que nous, les sans-pénis, on a l'érection à l'intérieur ? C'est important de mouiller. Les garçons devraient toujours être à l'affût de nos signes d'érection à nous.

Bon, je n'ai vraiment pas tout dit sur les pénis et sur la manière dont ils affectent notre vie. Ce que j'en retiens : un pénis en érection, c'est contondant, possiblement intrusif. Si tu n'as pas envie de cette intrusion, il faut le lui signifier. Au bout du compte, il n'y a aucun avantage à subir, pour personne.

Fais attendre les pénis. Les pénis sont impatients. Je désirerais davantage les pénis s'ils étaient plus patients.

Essaie de te renseigner sur les racines du clitoris. Le clitoris, ce n'est pas qu'un petit bouton. Il a de grandes et profondes racines dans le vagin. Tape sur Google, va chercher un diagramme. Et c'est à leur niveau – mais je ne suis pas médecin non plus – qu'il y a le fameux point G. Et puis, quand on a du bon dans le vagin lors de la pénétration, ça vient du clito. Malheureusement, il y a beaucoup plus d'études sur les pénis que sur les vagins, c'est triste.

Moins d'éjaculations et plus d'attention. Plus de patience. Oui, j'aurais bien aimé qu'on me dise : fais-les attendre.

Et toi,

comment fais-tu
pour dompter les pénis ?

Un an avec Truite

Mon occupation principale, c'est : surveiller le lit, parce que c'est quand même la chose que je convoiterais le plus si j'étais un cambrioleur.

Je suis une petite chienne qui pisse tant qu'elle peut.

Les possibilités d'attentats sont nombreuses, donc je furète et je fourrage. Gare à celui qui ne se laisse pas renifler !

Petit truiton, petite truita, petit truiteau. Je rêverais d'être toi, très souvent.

Dans le creux de ma maîtresse, ça me protège du vent dans les oreilles.

De plus en plus tu te recroquevilles contre moi et tu me laisses t'étreindre et te faire toutes sortes de câlineries qui montrent qu'on est gaga et que ça t'exaspère.

Quand j'ouvre la bouche, je dois retenir ma langue, sinon elle tombe et j'ai des soucis avec la déglutition, mais...

Tu es la Truite *bad ass.*

... je les oublie dès le moindre craquement suspect à des kilomètres, je me dresse altière et prête à tout. Puis, ma mémoire se vide et me revoici détendue, enroulée sous trois épaisseurs de couette, protégeant le vénérable lit.

Pour la vie, tu as cette allure de chiot dont on se demande si elle a fini sa croissance.

J'aime le chaud, le mou, le doux. On me reproche d'avoir fait les choses que je n'ai pas faites. Ai-je fait le mal ?

Oh, ton pelage, la chair tachetée sur ton ventre presque nu…

Et là tu craques, tu n'en peux plus, tu veux m'aimer et je suis pardonnée de tout ce que j'aurais fait.

Tu éveilles en moi des sentiments… Mon truiton.

Dès que tu fléchis la jambe pour quitter la pièce, je te rejoins. Quand je dors, je ne suis jamais vraiment loin, j'ai mon oreille active qui reste avec toi. Et quand il fait chaud et que je n'ai pas assez dormi, alors je m'endors en me léchant.

Aimes-tu la vie avec moi ?

Je n'ai même pas conscience d'être aussi irrésistible, ce qui me rend triplement photogénique.

Je grogne quand il y a du changement, c'est-à-dire très régulièrement. La déstabilisation est constante quand on est une truite.

Tout le monde se dispute pour me porter, je suis la princesse de Saba. On se retourne sur mon passage.

Veux-tu continuer à truiter avec moi ?

Au sol il y a des trésors de délices, je voudrais bien tout goûter. Mais si j'entends l'appel de la noix de cajou, je te ferai ma petite danse. Je suis une chienne équilibriste, et ma vie... ma vie ça va mieux depuis que je suis avec ces gens-là.

Je veux encore ramasser tes crottes longtemps.

Et toi,

comment fais-tu
pour truiter ?

Pisser en liberté

Comme je ne suis pas du genre à sortir en boîte et à boire des cocktails et à avoir une telle envie d'uriner la nuit qu'il me faille m'accroupir entre deux voitures pour me soulager, les seules occasions que j'ai de faire pipi à découvert, c'est en voyage, dans la nature, alors que les probabilités de rencontre avec des toilettes modernes s'amenuisent.

Je voulais partager ça avec toi, ces moments tantôt de plaisir serein extatique face à de beaux paysages, tantôt d'angoisse entre deux portières de voiture, à portée de vue du prochain conducteur lubrique.

D'abord, on prospecte le terrain. N'étant pas une pisseuse exhibo, j'ai besoin de me sentir à l'abri des regards, sinon le flux est contrarié. Le choix de la cachette est un grand plaisir, car contrairement aux toilettes publiques qui souvent vous accueillent sans vous inviter, la nature, elle, surtout là où les sols crissent de sécheresse, réclame votre urine comme si sa survie en dépendait.

Pour qui doit uriner accroupi – posture de vulnérabilité, les fesses découvertes trahissant l'opération en cours –, il faudra assumer d'avoir l'air peu conquérant. C'est une position ancestrale d'aisance, d'ailleurs il semble que ce soit la plus indiquée pour l'excrétion, que les cuvettes modernes tendent plutôt à compliquer.

Parfois, l'urgence nécessite que l'on s'arrête sur le bas-côté d'une pauvre route, sans forêt accessible, et je dois me fabriquer un paravent de fortune entre les deux portières.

Passons à l'exécution. Plusieurs facteurs entrent en jeu quant à la qualité de l'expérience vécue, et eu égard à la proximité de mes organes femelles du plancher des vaches. Quand la terre absorbe vite, c'est très satisfaisant. Quand il y a peu d'aspérités au sol (qui augmenteraient un facteur éclaboussant), c'est encore mieux. Quand le terrain offre de lui-même une cavité naturelle au-dessus de laquelle se percher, alors c'est fabuleux. L'inclinaison du relief et le sens du vent sont aussi à prendre en compte, le cas échéant.

Autre détail : la position accroupie permet aux lèvres de ne pas entraver la direction du jet, un enjeu commun de la station assise sur cuvettes conventionnelles.

Malgré tout, l'instinct naturel pousse à regarder son propre jet. Attitude nombriliste s'il en est, mais c'est aussi pour vérifier que tout se déroule dans les règles de l'art – en clair : qu'on n'est pas en train de se pisser sur la jambe, la chaussure ou le vêtement. Il faut dire que pour celles d'entre nous qui n'ont pas l'occasion d'observer leur jet sur des bases régulières (voir les détails anatomiques sus-mentionnés), cette situation replonge en enfance, où le miracle de la miction produisait fierté et éblouissement. Nous nous sentons fonctionnelles et parties prenantes de l'expérience du « rien ne se perd, rien ne se crée, tout se transforme », nous sommes au cœur de la chimie des fluides terrestres.

(Que les écolos se rassurent, je collectionne mes petits Kleenex usagés en attendant d'en disposer aux endroits désignés.)

Uriner au grand air, devant des paysages sublimes et auprès de Truite qui, elle, le fait où bon lui semble et sans états d'âme, cela renouvelle une liberté archaïque – sans compter l'économie de toutes ces chasses d'eau. Pisser à l'écart des villes vous ramène à l'état d'animal. C'est une mise en danger, c'est une prise de risque, c'est une aventure, l'élan nomade resurgi d'il y a douze mille ans. Il faut dire qu'à Paris, je suis choquée de voir les hommes redevenir ces australopithèques, le soir, la nuit, pissant leurs litres de bière dans les recoins d'immeubles. C'est de la négligence et de l'incivilité. D'ailleurs, le comportement est passible d'amende[1]. Mais lorsque je pisse dans la cambrousse, nulle impression d'imposer à quiconque ce déchet puisqu'il est parmi ceux des autres bêtes. C'est un aveu de mon humilité, de mon humanité… Je suis renvoyée à ma solitude, à ma finitude.

Alors la rivière, je n'en parle même pas.

Pisser dans la rivière, alors là…

Hmmmm.

Dans le sens du courant.

Et pisser dans la mer…

---

1. 450 € au 25 mars 2015.

Poussière, tu retourneras poussière. Figure-toi la dilution de ton apport aqueux parmi le grand bain universel de la planète bleue.

Je l'ai fait dans un cimetière en déshérence aussi, non loin d'une croix en fer forgé. Pisser parmi les morts, mon culte *in memoriam* aux carcasses déshydratées.

Comme tu vois, je suis une grosse pisseuse.

Et toi,

    comment fais-tu
    pour te liquéfier ?

Je ferai l'amour en février

Je vais vaillamment répondre à la question qu'au moins huit personnes se posent : que ferai-je en février ?

Eh bien, en février, je vais…

apprendre à coudre,

apprendre à skier,

apprendre l'alphabet,

apprendre le maniement des armes,

apprendre à lacer mes chaussures avec mes oreilles,

apprendre l'hymne national bulgare,

la maçonnerie,

le parachute.

Apprendre à manger comme une grande,

faire la révérence,

boire en apesanteur,

respirer en altitude,

ramoner des cheminées,

faire pipi debout,

tenir sur les mains,

grimper sur le toit,

sauter de quatre étages,

parler roumain, lituanien, tchèque, manda-
rin, néerlandais, wolof, créole, afghan, papou,
mohawk.

J'aurai assez appris comme ça ?

En février, j'irai au cinéma tous les jours,

j'irai au cinéma toutes les heures,

j'irai à la cinémathèque,

je ferai toutes les bibliothèques de Paris,

je ferai tous les musées de Paris,

toutes les salles de spec (non, c'est chiant, je ne
ferai pas ça).

Je vais lire *Le Monde* du début à la fin,

lire *Cent ans de solitude*,

tout Marguerite Duras,

tout Faulkner,

le dictionnaire,

l'Ancien Testament,

le Coran,

l'annuaire du quartier,

les recettes végétariennes aux ingrédients impossibles de Yotam Ottolenghi,

je vais lire *Comment se faire des amis*,

les thèses des étudiants de l'Université du Québec à Montréal sur l'insécurité linguistique.

En février, je vais démonter la caméra et remonter la caméra,

terminer la postproduction de mon troisième long métrage,

sortir et boire des gin-fizz et des Martini rouges,

j'irai en boîte pour la première fois.

En février, je vais donner mon sang,

je vais faire une greffe de moelle osseuse,

je vais faire le clown pour les enfants malades,

nourrir les SDF du quartier, les emmener en thérapie et leur trouver un logement,

résoudre la quadrature du cercle et trouver la solution au réchauffement climatique.

Je vais faire une cabane à pigeons,

un mélange de graines pour les pigeons.

J'adopterai peut-être un chat

ou un deuxième chien

ou un homard.

Je vais savoir monter à cheval au galop,

rencontrer une autruche et descendre sous terre avec elle.

Empoter une plante et faire une jardinière à la fenêtre.

En février, je vais décorer l'appartement (non, c'est faux).

Ranger… (non)

Nettoyer… (non)

Vider… (non)

En février, je vais m'exfolier les coudes,

me faire des masques regénérants, hydratants, anti-âge,

m'acheter des culottes parce que je n'en peux plus du string.

Je vais faire du yoga deux fois par jour,

préparer un semi-marathon.

Je ferai des sorties récréatives les week-ends dans le château de Bourg-la-Reine,

à Disneyland Paris.

Je vais dormir,

dormir,

dormir,

dormir.

Je vais me couper les ongles,

je vais m'habiller pareil tous les jours,

je vais puer.

En février, je vais faire un pot-au-feu,

une tarte au citron meringuée,

des smoothies verts,

des œufs cocotte aux truffes avec… ça sera bien.

En février, je vais peut-être séduire ce garçon,

cette femme.

Je vais peut-être coucher avec cette femme.

Je ferai de la moto,

de la motoneige,

du traîneau à chiens,

du tir à l'arc,

de la soupe au chou.

En février, Rodgeur va gagner un tournoi.

Je vais regarder les Jeux olympiques,

le patinage artistique,

le ski acrobatique,

le curling,

le bobsleigh,

c'est quoi les autres disciplines ?

En février, je ne vais pas pleurer.

Je vais être heureuse.

Je vais éternuer aussi.

Je vais faire l'amour, peut-être.

Je vais grimper aux rideaux.

Je vais prendre le thé avec Avril, manger des pâtes avec Aya.

Je vais peut-être me faire poser un stérilet au cuivre,

je vais peut-être me faire poser des implants mammaires.

Il y a trop de choix, faut que j'arrête.

Et en mars, ce sera le printemps.

Et toi,

comment fais-tu
pour tout vivre en février ?

SDF, mon impuissance

Il fait chaud à Paris en ce moment.

Je m'évertue à le faire croire et je suis douée pour ça, mais je ne suis pas la princesse que tu crois. Ça me fait du mal quand les gens croient que j'ai un privilège de classe.

En arrivant en France, j'ai vraiment découvert le racisme anti-Roumain, presque inexistant au Canada. On peut penser que les Roumains qui parviennent jusqu'au Canada sont de toute façon privilégiés parce que c'est plus loin…

Je vis à Paris depuis dix ans. J'ai remarqué que le nombre de personnes sans domicile fixe augmente visiblement. J'ai des souvenirs très précis de la première année où j'étais à Paris. Je me souviens d'un échange avec un type à Bastille qui faisait la manche. Je lui ai souri et il m'a traitée de salope.

Quand je racontais que mon père était Roumain, on me faisait systématiquement les blagues de voleurs, de manière très bon enfant et décomplexée. Puis je reconnaissais la langue dans le métro. C'est peut-être pour ça que mon père s'est retenu de me l'apprendre. Je pense qu'il avait honte. Il n'aimerait pas que je dise qu'il a honte, mais mon père aime bien quand on le prend pour un Italien, c'est de meilleur goût.

J'ai peur de la rue. Je ne me sens pas du tout à l'abri d'y finir. Là, depuis un an, il y en a... il y a des... Bon, comment on les appelle ? Il y a ceux qui squattent la station d'Autolib' au niveau de la bouche d'aération. Je les appelle les scrogneugneux. Ils boivent beaucoup, ils sentent fort, ils ont tout un tas de déchets à eux, ils prennent l'équivalent d'une place d'Autolib' qui s'étend sur le trottoir. Les piétons doivent les contourner par la rue. Puis il y a plusieurs familles de Roms, dont une qui s'installe à tour de rôle, tantôt le fils, la grand-mère, la mère avec la petite fille... et ils font des rotations juste devant chez moi, devant ma porte. Je ne sais pas quoi faire. Je ne sais pas quoi faire.

Je ne sais pas parler aux gens en général, je veux dire dans la vraie vie, donc je ne sais pas leur parler à eux non plus. Et pourquoi auraient-ils envie de m'écouter ? Je n'ai rien à leur dire. Ils n'ont rien à entendre. Le réconfort est impossible. Je ne peux pas les aider.

Une fois, j'ai croisé un homme qui venait de loin, il avait un énorme sac et il cherchait une adresse. Je l'ai aidé à trouver l'adresse dans le quartier et ensuite il m'a demandé de l'accompagner à la mairie. Je promenais Truite et je sentais que ça m'engageait trop, alors j'ai décliné. Il s'est mis très en colère, je pense qu'il était en détresse, seul, perdu, que je ne devais pas être la première à décliner. Je ne sais pas quoi faire avec ces gens, je les croise tous les jours, plusieurs fois par jour, une vingtaine, une quarantaine, ce sont les somnambules dans la ville. Je suis mal, je n'arrive pas à alléger leur quotidien, je ne me vois pas leur donner de l'argent parce que pourquoi à lui, et combien, et si aujourd'hui alors pourquoi pas demain et après-demain ? J'ai de la place chez moi, de la nourriture comme il faut, et j'ai de la monnaie, j'ai toujours de la monnaie. Bien sûr que je veux jouer à la bourgeoise parce que c'est tout le contraire de mes parents et que je me construis en opposition, ça me rassure. Mes parents ont une maison à Montréal dont ils louent l'étage supérieur et le sous-sol pour m'aider si besoin dans les moments difficiles. C'est tout. Ma mère est employée de banque, mon père a des contrats dans le bâtiment. Je suis enfant unique. S'ils meurent, j'hériterai de la maison. Presque tout le monde est mort du côté de mon père, ils sont en Roumanie, je ne les ai jamais vus.

Quoi dire aux SDF ? Quoi être auprès d'eux ? Je ne vois pas quoi donner qui résoudrait quoi que ce soit et je n'ai pas l'esprit assez léger pour penser qu'une pièce de monnaie puisse importer, sauf peut-être pour ma conscience – et ma conscience ne pèse rien dans l'opération.

Comment on fait ? Pourquoi ils sont là ? Pourquoi ils sont si nombreux ? Qui doit s'en occuper ? Qu'est-ce que je dois faire ? Ils sont fatigués, ils n'ont pas de papiers, ils ne comprennent pas notre langue, ça ne va pas bien dans leur tête, ils ont des addictions, ils n'ont pas d'intimité, ils ne peuvent pas se laver quand ils veulent, ils n'ont pas grand-chose à eux. Comment les croiser ? Comment sortir de chez moi, les croiser, rentrer chez moi, les croiser… Je ne suis pas ce qu'il faut. J'avais une amie qui savait, enfin ce n'était pas une amie, une connaissance. Elle sortait du métro, elle disait bonjour, elle touchait l'épaule, elle prenait des nouvelles, elle allait à Carrefour, elle prenait une plaquette de chocolat en plus, elle ressortait du Carrefour, elle la donnait. Elle savait faire, on lui souriait, elle était jolie, elle était légère, et elle était plus bourgeoise que moi. Il y a toujours plus bourgeois que soi, bien sûr. Je ne sais pas faire avec les gens dehors.

Je ne peux pas m'engager, je n'aime pas les groupes, je ne peux pas me rassembler. Qu'est-ce qui est réalisable individuellement ? Rien ? Je suis une petite princesse coupable. Quand je leur souris, s'ils me traitent de salope, alors rien n'est possible entre nous. Ou alors ils me saluent parce que j'ai une jupe. Si j'apporte un jour à manger, comment je les croise le lendemain si je n'ai rien ? Je ne veux pas m'engager avec les humains en général, pourquoi avec eux en particulier ? Et quand je les rencontre, j'ai peur, j'ai peur que ça m'arrive, je ne suis pas à l'abri que ça m'arrive, ça ne va pas toujours dans ma tête, je n'ai pas de travail fixe, je n'ai pas vraiment de patrimoine. Et je ne peux pas généraliser, chacun est unique comme nous le sommes tous. Je ne suis pas celle qui fera la différence dans leur vie, je n'y arrive pas. Je ne sais pas m'y prendre. Je regarde l'asphalte, je me dépêche, j'évite de les mettre en colère, de croiser leur regard, d'être la personne de plus qui va passer son chemin et retourner à sa petite vie confortable.

Il fait chaud à Paris en ce moment.

Ils sont là, il est en bas, il est derrière, il est en bas, je sais qu'il est là. Et il attend. Qu'est-ce qu'il attend ? Sa journée se passe, où dormira-t-il ? Faire la manche, ce n'est une solution pour personne. Pourquoi on les laisse faire la manche ? Je suis mesquine, je suis égoïste, je sauve ma peau parce que j'ai peur. J'ai peur pour moi et ceux que j'aime, je ferme les yeux, je me protège, je ne veux pas que ça m'arrive, je ne veux pas que ça me concerne, je veux que ça se règle et je me raconte que ce n'est pas à moi de le faire. Une vague de malheur s'échoue au pied des immeubles tandis qu'en montant l'escalier je m'accroche à ma petite chance.

Et toi,

comment fais-tu
pour rester léger ?

Femme défaite cherche homme à tout faire.

La souffreur, la blessance, la doulure. La désespesse, le chagroir, le tristin.

Garder la tête hors de l'eau augmente l'espérance de vie.

On parle beaucoup des causes du décès, et bien peu des causes de la naissance.

J'aimerais que mes cheveux sentent la taïga.

Terminal Owner

SALON DAOMI
4465 ST LAURENT
MONTREAL QC H2W 1Z8

STANLEY SECURITY
1 800 453 0565
transaction par / processed by NRT
ID Machine   AT102782

06/12/2019   2:56.40 AM
*** Retrait fait sur le compte ***
*** de chèques ***

Autorise.
Numero de carte   Auth #   Seq #
************4530   00223143   3847
AID: A0000000031010
Label: Visa Debit
PAN Seq#: 0
Billets requis: 40.00 CAD
Billets recu: 40.00 CAD
Frais suppl: 2.50 CAD
Montant Total: 42.50 CAD
Taux de change: 1 EUR   1.3326 CAD

Frais de compte :   €31.89 EUR

Je comprends que VISA a un processus de
conversion des devises et je n'aurais aucun
recours contre VISA concernant la conversion
de devise ou sa divulgation.

Solange épuise la pornographie

Il lui embrasse les seins. Elle est en jean, debout, il est sans doute agenouillé, il lui… il lui embrasse les seins en les caressant à pleines mains. Il la regarde par-dessous, la supplie, elle l'embrasse avec la langue, ils s'embrassent avec la langue, il continue de lui frictionner les seins. Elle a les cheveux assez longs, bouclés. Elle lui parle, elle lui caresse la tête. Il est étendu, elle lui caresse le torse. Elle lui caresse la braguette par-dessus le pantalon qu'elle déboutonne en le regardant. Elle sourit et déboutonne, bouton à bouton. Elle est seins nus, lui est chemise ouverte sur le lit. Ils s'embrassent avec la langue qui gigote de gauche à droite. Ils s'embrassent très longuement, goulûment, à pleine bouche. Elle ferme les yeux. Ses cheveux à elle caressent son torse à lui – insert : elle a glissé sa main dans son caleçon. Elle en libère son sexe. Elle tire, elle écarte le caleçon vers le bas. Le sexe est un peu mou, elle engloutit le gland dans sa bouche. Elle l'enserre de haut en bas, elle le branle avec sa main droite, le pouce et l'index en anneau. Elle descend son caleçon, lui caresse les cuisses, les testicules, elle fait coulisser sa bouche de haut en bas, tandis que lui s'abandonne, les yeux fermés, il lui caresse la tête. Gros plan sur la bouche qui va et vient. La main empoigne la base du pénis, la bouche remonte le long du gland, la verge a durci. Les testicules sont rasés, on voit beaucoup de peau. Elle s'allonge et a tombé le jean, elle est complètement nue, presque entièrement épilée, elle s'allonge dos à lui, sur le côté. Il tapote le bout de son sexe contre sa vulve, joue avec... avec le gland contre son clitoris, la pénètre tout doucement par-derrière. Résumons : ils sont tous les deux étendus sur le flanc, sur le lit, il porte toujours sa chemise ouverte, elle est entièrement nue. Et là, il la pénètre assez complètement, en lui retenant une cuisse dans les airs, contre lui. Ils s'embrassent, leurs langues se débattent. Frottements des corps... Un plan plus serré sur les visages, les corps bougent de droite à gauche, mus par l'élan du bassin de l'homme. Gros plan sur les sexes qui s'emboîtent. L'homme regarde la femme par-dessous. Il essaie de lire sur son visage ce qu'il est en train de lui faire. Il lui lèche la… Gros plan sur les sexes, ça va et vient assez rapidement. À l'horizontale, les fesses de la demoiselle rebondissent contre le bas-ventre du monsieur, tous les deux toujours sur le flanc, il lui retient toujours la cuisse dans les airs. Elle se met à se caresser fort le clitoris tandis qu'il la pénètre frénétiquement du bout du sexe. Le pénis a dégonflé, l'homme arbore un rictus étrange, il agrippe la femme par l'épaule, elle est traversée d'un spasme, elle gigote, il la regarde, elle ramène ses deux poings fermés vers son visage. Nouveau gros plan vers le pénis peu convaincant. Il la regarde, il l'embrasse, la regarde, l'étreint, toujours dans sa chemise qui se confond avec le drap blanc. La jeune femme se maîtrise, elle agrippe le matelas avec ses doigts manucurés, lui continue de la regarder, elle s'agite, les yeux fermés, la bouche entrouverte, elle halète. Il semble très concerné par l'attitude de sa partenaire, on lui découvre une chaîne dorée ringarde.

Il a un petit instant d'apaisement. Il la regarde, elle se mord la lèvre inférieure. Quelques derniers coups de reins espacés. Il l'embrasse, il continue de vaguement la pénétrer… Fin.

Et toi,

comment fais-tu
pour regarder le porno ?

El aura

Je vais te parler du second film de Fabián Bielinsky. Il est tourné en Patagonie. Déserts volcaniques, routes sur fond de montagnes anthracites, desséchées. Stations-service à l'abandon. Forêts denses. Temps changeant. Grands ciels.

Des chasseurs. L'hostilité patagonienne.

Le personnage principal est taxidermiste, c'est très original. Un beau jour, il part à la chasse.

Bielinsky l'a avantageusement doté d'hypermnésie, une mémoire visuelle infaillible qui lui sert à retenir tout ce qui échappe au spectateur et justifie par là le développement de l'intrigue qui, autrement, piétinerait ferme.

Le film repose en grande partie sur la notion d'amitié virile : aller à la chasse, manipuler des armes, tuer des types pour montrer à des types qu'on est capable d'être un type plus fort que les autres. Imaginer le casse parfait. Aller au casino. Se faire un maximum de thunes. Rouler les mécaniques. Parler de cette femme qui vous casse les couilles. Montrer aux autres types que tu n'es pas le genre de type à te faire enculer. Se parler entre quatre yeux. Mettre des cagoules. Avoir une balle dans le ventre. Se menacer de mort. Dormir en pleine nature, conduire un pick-up, *et caetera*.

El aura compte en tout trois personnages féminins. Enfin, le calcul est généreux, car deux n'apparaissent jamais et ne sont qu'évoquées. L'une quitte le personnage principal en laissant une lettre d'adieux ; l'autre a épousé le compagnon de chasse du personnage principal, qui confessera la battre et endurer ses menaces de suicide. Le troisième rôle féminin est un peu plus substantiel puisque, contrairement aux deux autres, on est allé jusqu'à le distribuer à une actrice de chair et d'os. Elle est jeune et jolie, parfaite fleur de fumier, mais hélas battue elle aussi par un sale type du nom de Dietrich qu'elle a décidé d'épouser pour fuir un père violent… Elle voudrait bien s'enfuir de nouveau, mais Dietrich la retrouve toujours. Elle a également un frère qui rapplique pour lui taper dessus quand l'occasion se présente. Elle mange des pommes, fait le petit déjeuner et va à l'église.

De nos jours, quel est le destin des animaux empaillés ?

Et toi,

      comment fais-tu
      pour choisir le bon rôle ?

Solange te parle québécois

Il arrive que l'on naisse quelque part et qu'un jour vous soient donnés les moyens de partir. Alors vous partez. Et plus tard, vous ne savez plus parler la langue maternelle.

On ne peut pas oublier le québécois. On peut désapprendre à sa bouche comment former certains sons.

Maèr → Mère
Peup → Peuple
Tₛu Dᵤi → Tu dis
Chus pô lô → Je ne suis pas là

Lorsque l'on a contraint son corps à pareille révolution, on ne peut espérer qu'une nouvelle révolution pour revenir à l'état initial.

Les lèvres,
la langue,
le palais,
les fosses nasales,
la luette,
la glotte,
l'épiglotte,
la trachée,
l'œsophage,
le pharynx,
le larynx,
les cordes vocales,
les poumons,
le diaphragme.

Ils ont besoin de retrouver leur liberté primitive.
L'alcool permet cela.
Ale rousse brassée à Montréal.
Pour une ivresse amplifiée : insérer une paille dans le goulot de la bouteille et aspirer les quelque cinquante centilitres de liqueur.
[...]
Ben, là, là, d'habitude tout le monde le sait là que l'alcool si t'es moindrement gêné ou ben qu't'as

peur de t'faire a'regarder croche, ça va pas néces-
sairement résoud' toutes tes problèmes de même,
là, OK, mais de c'te façon-là, tu vas être capab' de
dealer avec la pression d'être qu'essé qu't'es, dans
le fond, là, en dedans.

Pi toé,

comment c'que tu fais
pour cultꜱiver ta langue maternelle ?

Fenêtres

Parfois, la tentation est vraiment très grande de regarder par la fenêtre. Alors on succombe, et l'on se retrouve face à l'évidence criante que tous les autres sont vraiment plus occupés que soi-même.

Mon appartement compte six fenêtres. Trois petites et trois plus grandes.

Une petite,
deux petites,
trois petites.

Une grande,
deux grandes,
trois grandes.

Depuis chacune de ces fenêtres et en fonction de l'heure de la journée, je peux observer toutes sortes de gens faire toutes sortes de choses, et le plus souvent ils ont l'air de savoir s'y prendre.

Puis, j'ai pensé que si tout le temps que je passais à les surveiller, je l'utilisais plutôt à faire comme eux, alors je passerais moins de temps à culpabiliser de ne pas faire comme eux. Parce que je ferais *autre chose*.

Bon.

Cuisiner, je sais faire.

Pianoter sur un clavier, c'est dans mes cordes.

Je suis moi aussi, à mes heures, une personne active.

Lire à la vue de tous de nombreux et gros livres provoque toujours son petit effet.

Voilà, je peux très bien passer toute une journée à faire des choses pour me faire remarquer sans me faire remarquer.

Conclusion : observer l'agitation d'autrui est une activité utile, à laquelle je continuerai par conséquent de m'adonner.

Et toi,

comment fais-tu
pour exister derrière ta fenêtre ?

TABLE

62 révélations

1.

J'ai souffert pendant plusieurs années d'une addiction dure au sudoku.

2.

À l'âge de treize ou quatorze ans, mes parents m'ont offert l'épilation définitive des aisselles.

3.

Je chausse du 35.

4.

J'ai appris :
a) le piano
b) l'accordéon
c) la flûte traversière
d) et le violoncelle.
Mais comme je n'ai aucune notion de solfège,
ce fut catastrophique dans tous les cas.

5.

Je n'ai jamais bu de Coca-Cola. On dirait du
goudron dilué.

6.

Je suis née à Montréal, au Québec, province du
Canada, situé en Amérique du Nord de la planète
Terre.

7.

J'ai déménagé en France à l'âge de dix-neuf ans
par amour pour quelqu'un avec qui je ne suis plus.

8.

Je suis dotée d'une très grande souplesse de corps.

9.

J'ai horreur de la mayonnaise. L'idée d'œufs crus et d'huile me rebute atrocement : tout ce gras inutile avec des accents sucrés…

10.

Enfant, je ne supportais pas non plus la chantilly, parce que je ne la connaissais qu'en bonbonne. Depuis, j'ai découvert la crème fouettée maison et j'ai changé d'avis.

11.

Adolescente, quand ça n'allait pas trop, mon père m'a offert un saut en parachute en tandem qui m'a ravie.

12.

Depuis de nombreuses années, je n'aime et je ne craque que pour les garçons gentils. Je ne suis pas le genre de fille qui peut s'intéresser aux délinquants sentimentaux, relationnels, pervers, méchants, bad boys, ce n'est pas mon truc. Les garçons authentiquement gentils et bons font battre mon cœur et l'intérieur de mon ventre.

13.

Je suis très sensible aux caresses et aux tapotements sur le sacrum, cet os qui est situé au-dessus du coccyx, avant les fesses. J'accumule les tensions dans cette zone et lorsqu'on me masse les environs du sacrum, ça me plonge dans un état de transe exquise.

14.

J'ai un grand complexe du genou. L'attache de mes quadriceps, au niveau du dessus de la rotule, est boursouflée.

15.

Longtemps, les chaises ont été mes supports de masturbation de prédilection.

16.

J'ai arrêté d'avoir des amis vers l'âge de douze ans.

17.

Ma mère est cinquième d'une famille de dix enfants.

18.

Mon père a fui la Roumanie communiste et a demandé l'asile politique au Canada en 1976, année des Jeux olympiques de Montréal, où Nadia Comăneci remporta plusieurs médailles d'or.

19.

Lorsque j'ai les pieds nus, je marche sur leur pointe.

20.

Oui, je suis petite. Quand tu me rencontres, tu te dis : « Ah, je t'imaginais vachement plus grande, en fait ! » Mais non, je suis petite, je fais un mètre cinquante-huit.

21.

Longtemps j'ai prétendu savoir jouer aux échecs.

22.

J'ai envisagé pendant plusieurs mois devenir pilote d'avion.

23.

Je peux être vraiment sexy, mais je ne vois pas l'intérêt.

24.

Cette année, je sors mon premier long métrage : *Solange et les vivants*.

25.

J'ai adopté :

1) Une lapine baptisée Cocotte, qui rongeait les fils téléphoniques et a fini à la ferme (sûrement rôtie).

2) Une perruche baptisée Bisou, qui s'est envolée vers le ciel pour l'éternité un jour où mon père laissa la fenêtre ouverte.

3) Une Truite en forme de petit chien.

26.

Les deux femmes qui ont le plus influencé ma prise de parole sont Emmanuelle Riva et Anna Karina.

27.

Je ne dis ni « merde » ni « putain ». J'ai inventé un mot, « crouq », qui est une contraction de « croûte » et de « loque ». Quand ça ne va pas, je dis : « Crouq ! » Quand je laisse tomber ou casse un truc, je dis : « Crouq ! » Quand je suis en détresse, je dis que je suis « crouquée », et si quelqu'un vient me réconforter, il me « décrouque », de « décrouquer ». SOS Décrouq, à votre service.

28.

Je n'ai jamais eu de caries.

29.

Je me suis mariée un mardi de novembre parce que c'était plus simple pour les papiers de la France où c'est épuisant de ne pas être français.

30.

Je dors sur un oreiller à mémoire de forme d'une matière découverte dans l'espace.

31.

J'ai fréquenté pendant cinq ans une école privée catholique de filles avec uniforme.

32.

Une fois j'ai pris trop de médicaments.

33.

J'ai décidé de m'imposer l'accent français plusieurs années avant de venir en France, par sensibilité esthétique.

34.

Il y a eu un incendie dans notre maison de campagne.

35.

Je ne veux pas d'enfants. Je ne sais déjà pas comment être dans mon corps, c'est une angoisse, alors encore moins à deux. Et puis, je ne suis pas sûre de vouloir vivre toute la vie, donc pourquoi la donnerais-je à quelqu'un qui ne l'a pas demandée et n'est au courant de rien de tout cela ?

36.

Quand je m'affaire devant le miroir pour mettre de la crème, je ferme un œil de manière à altérer ma vision et flouter mon reflet. Ainsi, les imperfections passent inaperçues et je suis de meilleure humeur.

37.

Je ne supporte pas qu'on me touche le visage, à cause de mon passé acnéique.

38.

Je dors toute seule parce que s'il y a quelqu'un, je m'intéresse démesurément à la personne et échoue par conséquent à m'endormir.

39.

Personne ne m'appelle. À part mes parents une fois par semaine. Mais ça me convient parce que, quand les gens m'appellent, j'ai l'impression de leur devoir quelque chose.

40.

François Hollande m'est sympathique.

41.

J'ai eu un amant italien, il était plutôt doué.

42.

La vidéo qui m'a donné envie d'en faire est celle de Norman qui s'appelle « Devenir adulte ».

43.

Les vacances types de mon enfance consistaient à partir en camping dans le New Jersey, dans un complexe qui s'appelait Wildwood.

44.

Quand je vois de gros chiens, j'ai envie de les chevaucher. Pas de manière zoophile, mais comme lorsque j'avais cinq ans et que je voulais monter sur les poneys.

45.

J'ai les sourcils très tendus et j'ai peur que ça me handicape dans ma carrière. Je préférerais savoir les commander.

46.

Je ne vais pas fumer de cigarettes, je n'aime pas la cigarette, si tu fumes je vais avoir du mal.

47.

Malgré une croyance très répandue, je n'ai jamais pris de drogues, ni fumé de marijuana, car je ne sais pas fumer tout court. Mais si quelqu'un de vraiment fiable voulait m'initier au LSD par exemple, je serais peut-être d'accord.

48.

Je tape vite, sans regarder le clavier, avec tous les doigts. C'est la chose la plus utile que j'aie apprise dans ma vie.

49.

Maintenant que j'ai fait un film, j'aimerais bien faire un spectacle.

50.

Ado, j'ai pris des cours de flamenco et j'ai même présenté un numéro dans un spectacle de fin d'année à l'école.

51.

Je n'ai jamais été complètement soûle. Ça ne me manque pas.

52.

J'étais la meilleure élève, mais ça ne m'a pas aidée dans la vie.

53.

J'ai toujours pensé que les acteurs et les actrices étaient épouvantables et que faire ce métier était un aveu de faiblesse. Je continue de le croire. C'est pourquoi je préfère être à l'origine des choses et ne pas dépendre d'autrui, ne pas devoir un jour me faire injecter des liquides dans le visage, pour la peine.

54.

Comme énormément (beaucoup trop) de femmes, j'ai connu pendant une dizaine d'années des troubles du comportement alimentaire. C'est fini. J'en suis sortie avec la thérapie.

55.

Enfant, avec mon père, quand je sortais du bain, on jouait à ce jeu hilarant : il m'enroulait tête comprise dans la plus grande serviette, il me prenait dans ses bras et il tournait sur lui-même, et il s'agissait de deviner dans quelle pièce il m'emmenait ensuite. J'adorais ce jeu, je rigolais comme une baleine, je pense que c'est le moment de ma vie où j'ai été le plus absolument heureuse.

56.

Enfant, chez une copine, on s'est enfermé par erreur dans un placard avec le chat et j'ai vraiment cru que j'allais mourir. La mère de ma copine a fini par se demander où on était, elle nous a délivrées, le chat est sorti en courant comme une flèche, on a pleuré dans ses bras, entre ses gros seins très moelleux.

57.

Bon, j'ai trente ans. Je ne les fais pas. Mais je n'aime pas l'idée de cacher mon âge. Parfois, dans l'avion, on me demande encore mon âge avant de me servir de l'alcool, donc ça va.

58.

Je ne suis jamais allée en Afrique, je ne suis jamais allée en Asie, je ne suis jamais allée en Océanie. J'ai peur de voyager parce que j'aime le confort.

59.

Je croyais que ma carrière allait vraiment démarrer en 2007, quand j'ai été choisie par Mathieu Amalric pour son court métrage, *Deux cages sans oiseaux.* J'étais de la même promotion des Talents Cannes que Léa Seydoux et Pierre Niney.

60.

Durant une visite au musée avec ma classe, j'ai été aimantée par la reconstitution d'un grand banquet royal. Je n'ai pas pu m'empêcher de goûter à un pseudo-fruit confit qui était sur un pseudo-gâteau, c'était à moitié du toc, j'étais sûre que mes jours étaient comptés et qu'à mon prochain examen chez le dentiste, elle allait tout savoir de mon forfait en regardant dans ma bouche.

61.

Depuis la préadolescence, mes cheveux constituent une armure contre la violence extérieure. Longtemps, je me suis cachée derrière et m'en suis peut-être aussi servie comme arme de séduction.

Je pratique le naturisme, c'est merveilleux, tu devrais le faire, chacun devrait le faire. Je pense que si tout le Moyen-Orient faisait du naturisme, le monde irait mieux. Tout le monde tout nu, il y aurait tellement de joie. Et qu'une fois pour toutes on arrête de lier nudité et sexualité !

Voilà, c'est fini. Alors, laquelle tu préfères ? Solange ou Ina ? Ina ou Solange ? C'est toi qui décides.